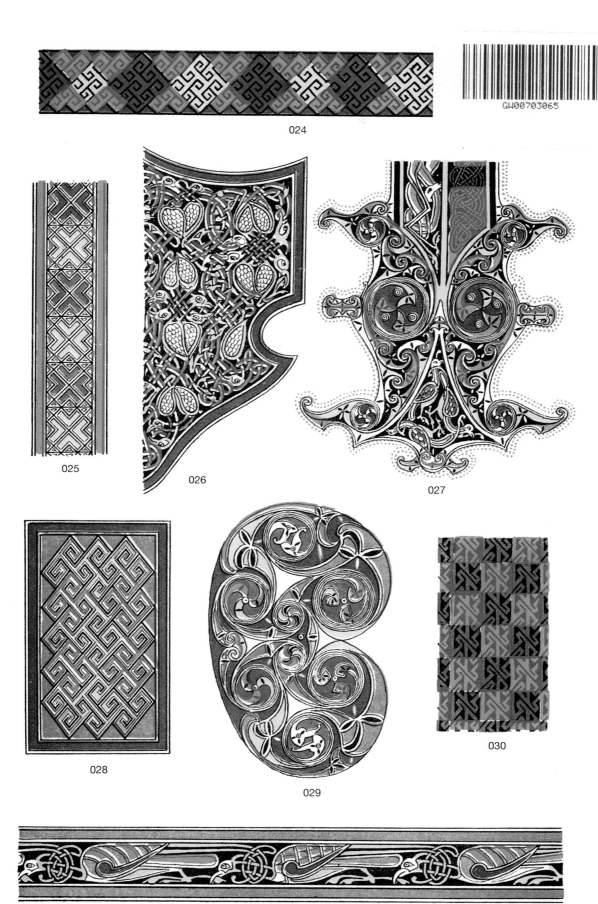

024

025

026

027

028

029

030

031

Seventh century PLATE 3

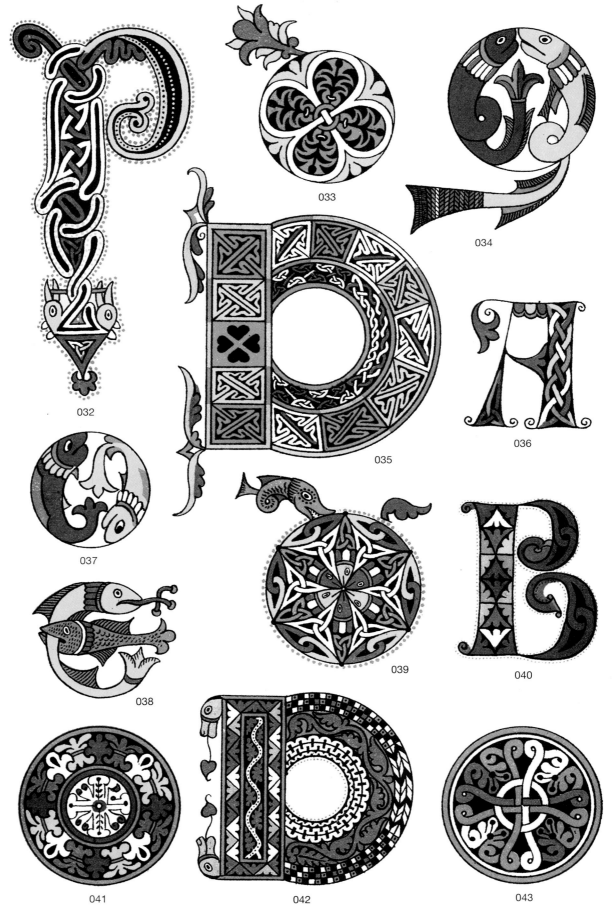

032

033

034

035

036

037

038

039

040

041

042

043

PLATE 4   *Eighth century*

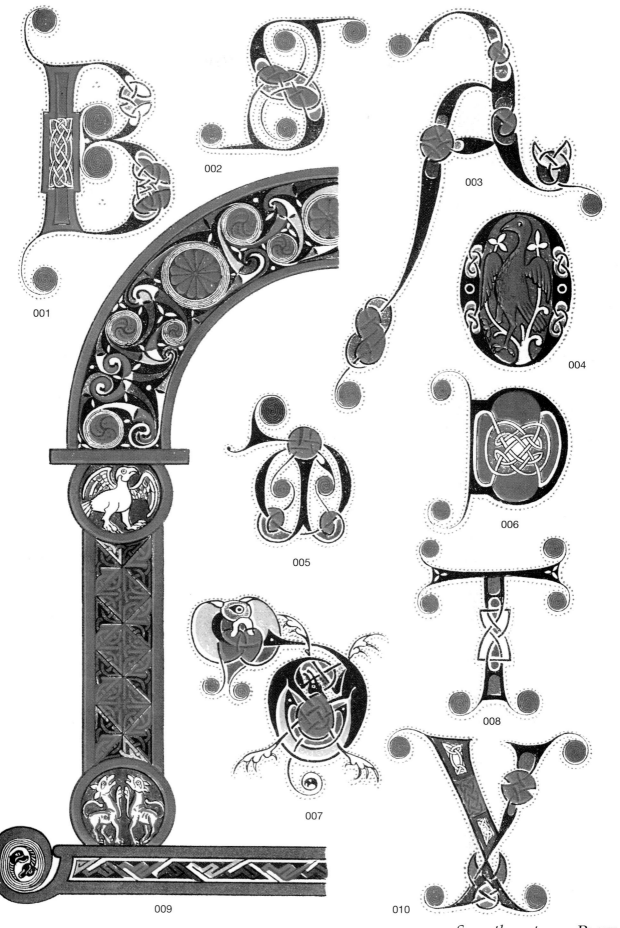

001

002

003

004

005

006

007

008

009

010

Seventh century Plate 1

PLATE 2   *Seventh century*

044

045

046

047

048

049

050

051

052

053

054

055

056

PLATE 6 *Ninth century*

057

058

059

060

Tenth century PLATE 7

061

062

063

PLATE 8　*Tenth century*

064   065   066

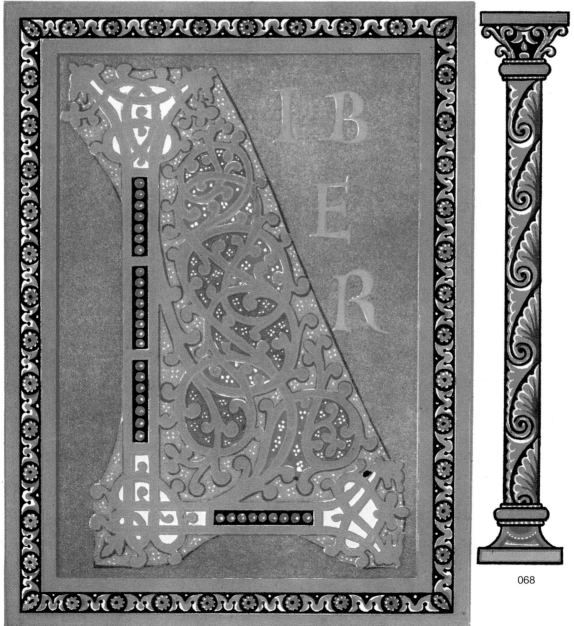

067

068

069

070

071

072

073

Plate 10   *Eleventh century*

074

075

076

077

078

079

080

081

PLATE 12 *Eleventh century*

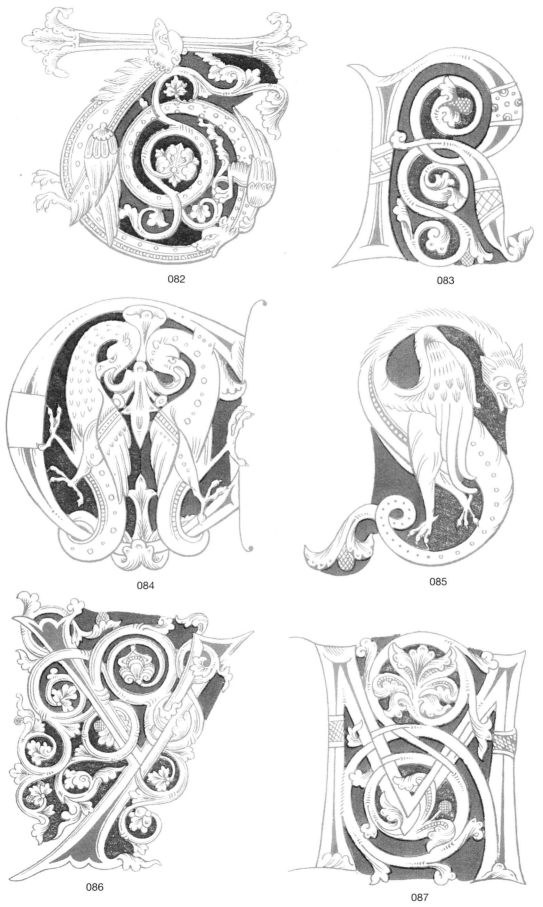

082

083

084

085

086

087

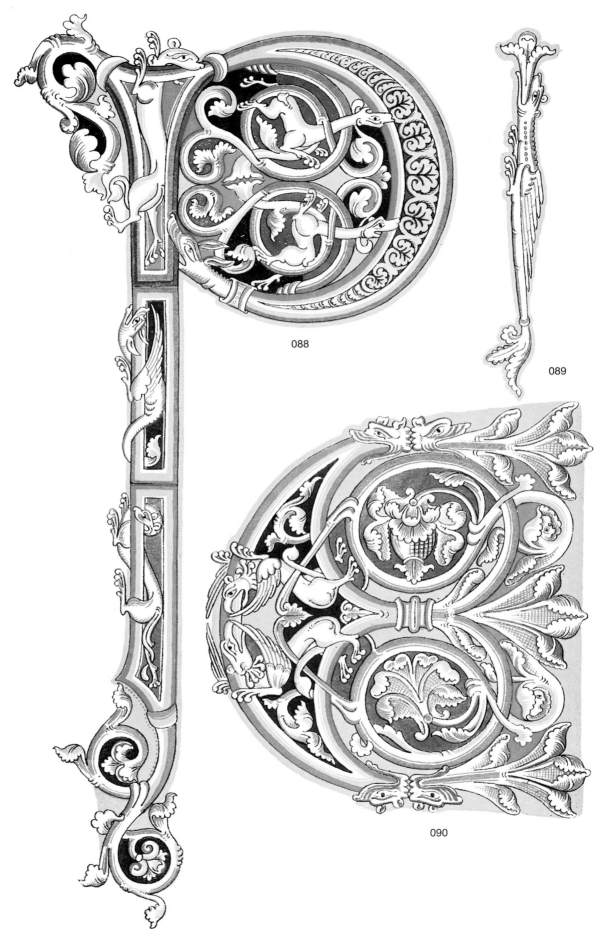

088

089

090

PLATE 14   *Twelth century*

091

092

093

094

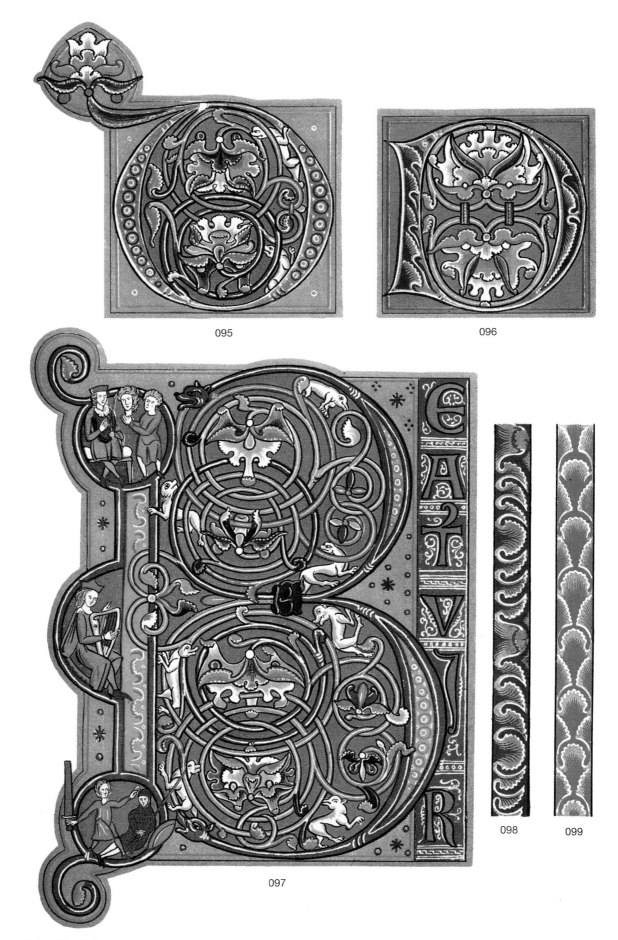

095

096

097

098   099

PLATE 16   *Twelth century*

100

101

102

103

104

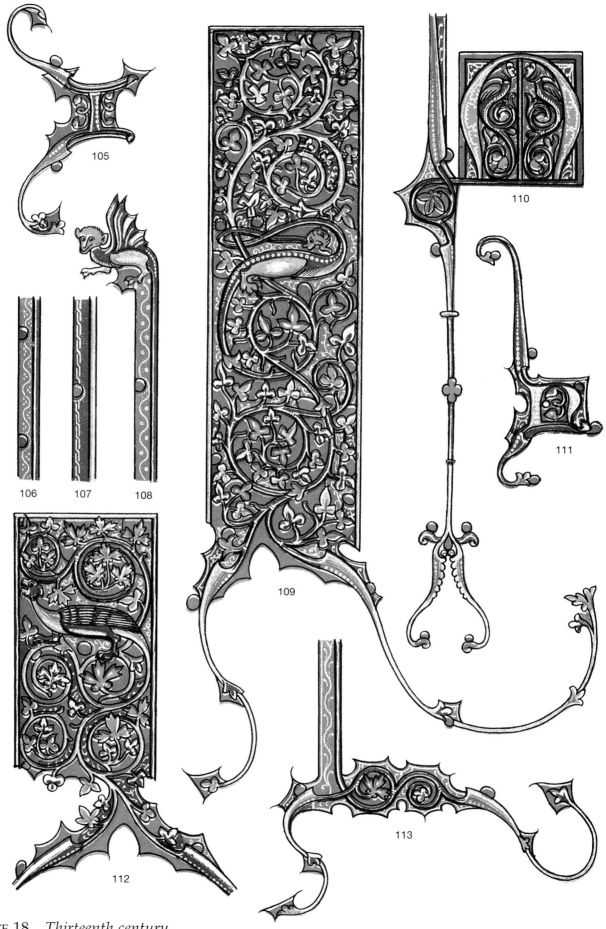

105

106 107 108

109

110

111

112

113

PLATE 18 *Thirteenth century*

114 115 116 117 118 119 120 121

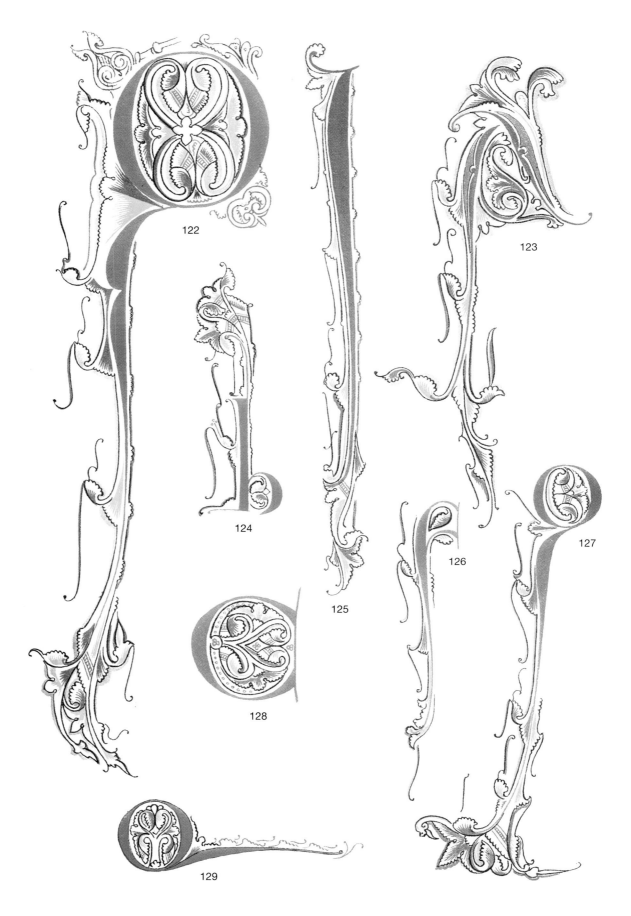

122

123

124

125

126

127

128

129

PLATE 20   *Thirteenth century*

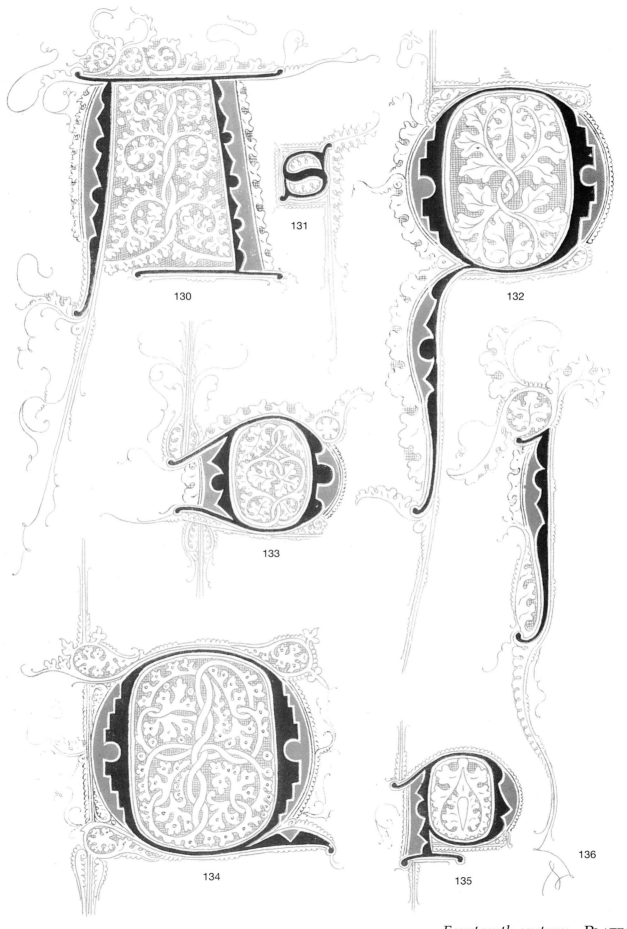

130

131

132

133

134

135

136

137 138 139 140 141 142 143 144 145 146 147 148 149 150 151 152 153 154

PLATE 22   *Fourteenth century*

155

156

157

158

159

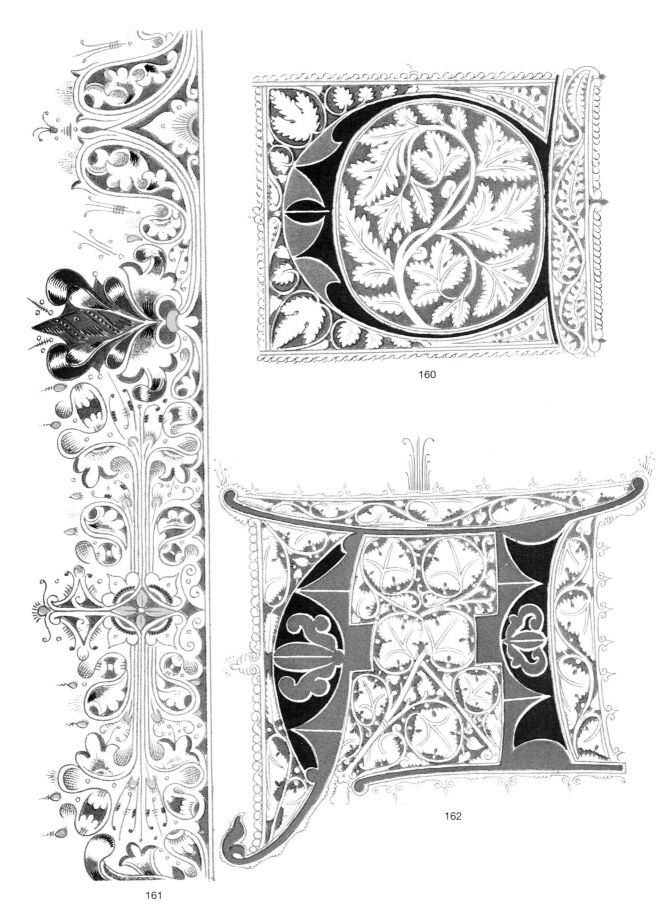

160

162

161

P<small>LATE</small> 24 *Fourteenth century*

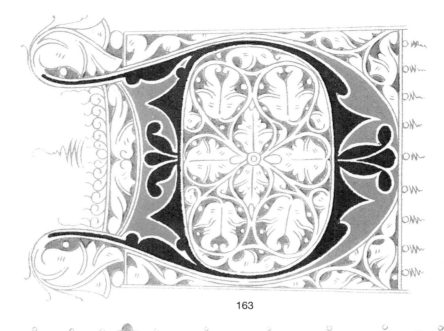

163

164

165

166

PLATE 26   *Fourteenth century*

167

168

169

Fourteenth century PLATE 27

170

171

172

173

174

PLATE 28 *Fourteenth century*

175

176

Fourteenth century PLATE 29

177

178

179

PLATE 30 *Fourteenth century*

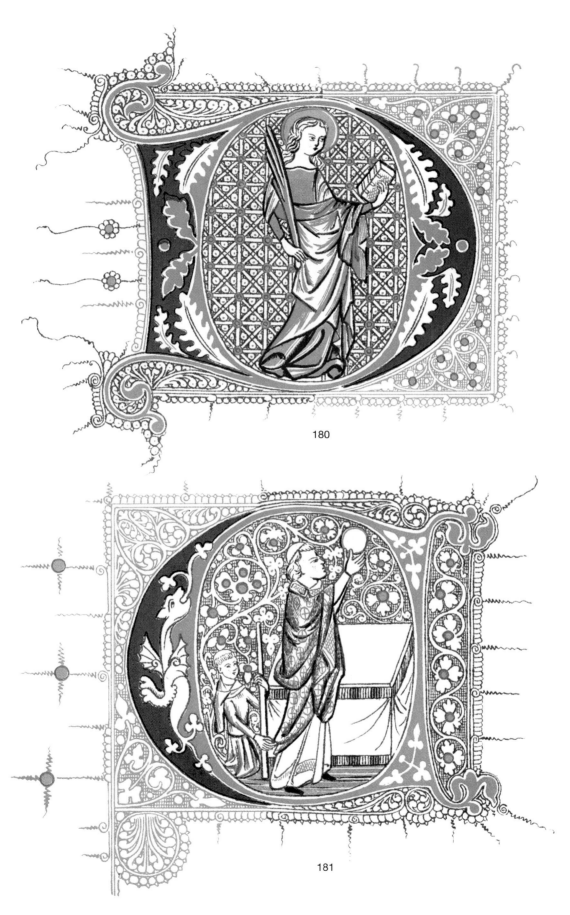

180

181

182

183

PLATE 32 *Fourteenth century*

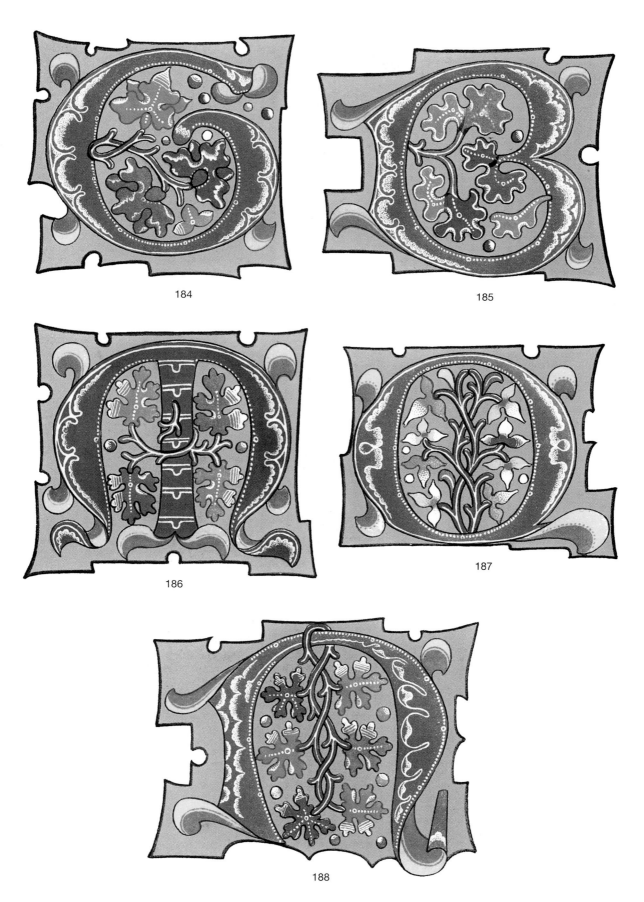

184

185

186

187

188

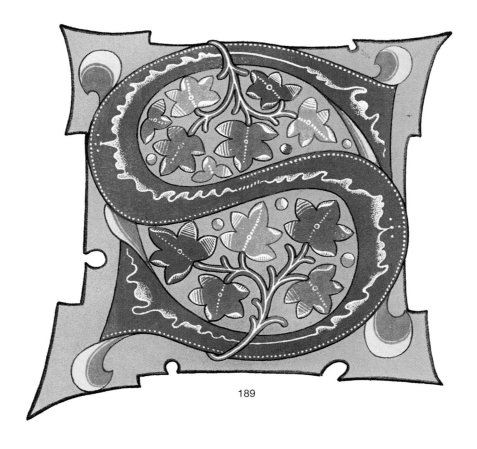

189

190

PLATE 34 *Fourteenth century*

191

192

193

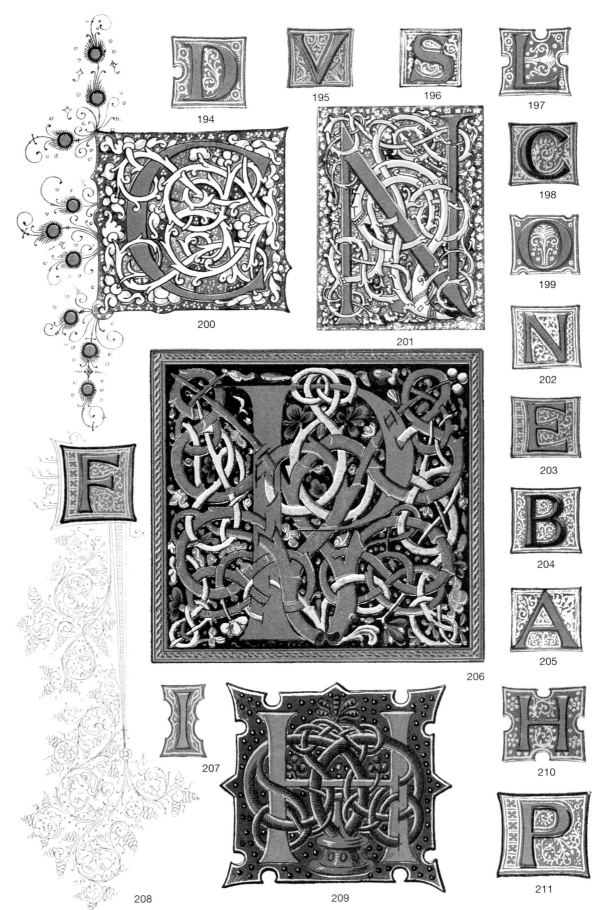

194

195

196

197

198

199

200

201

202

203

204

205

206

207

208

209

210

211

PLATE 36 *Fifteenth century*

212

213

214

215

216

217

218

219

220

PLATE 38 *Fifteenth century*

221

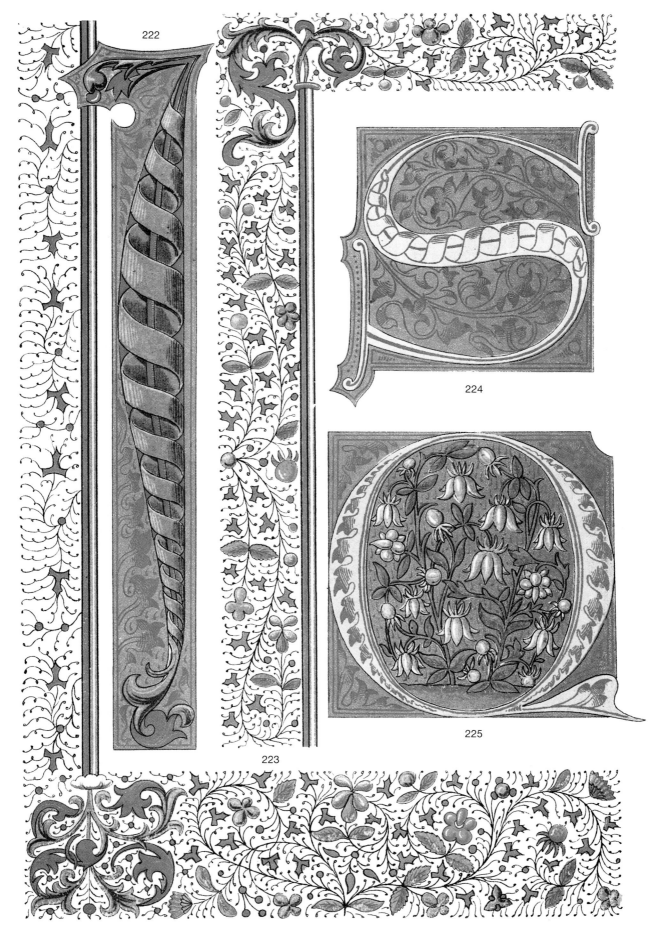

222

224

223

225

226

227

228

229

PLATE 40 *Fifteenth century*

230

232

231

233

234

235

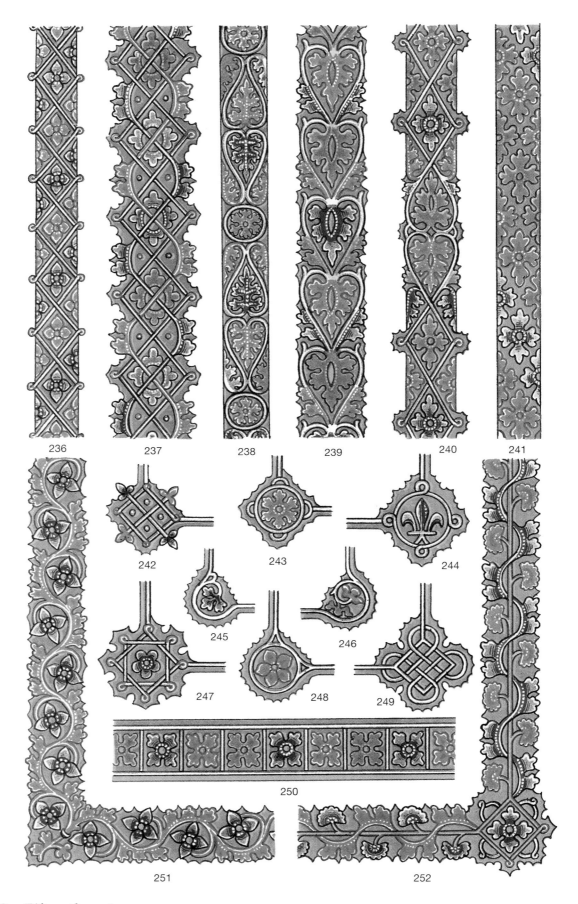

236 237 238 239 240 241

242 243 244

245 246

247 248 249

250

251 252

Plate 42 *Fifteenth century*

253

254

255

256

Fifteenth century PLATE 43

257

258

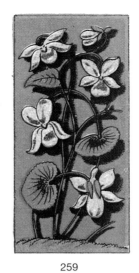

259

260

262

261

263

264

PLATE 44   *Sixteenth century*

265

266

267

268

270

269

271

272

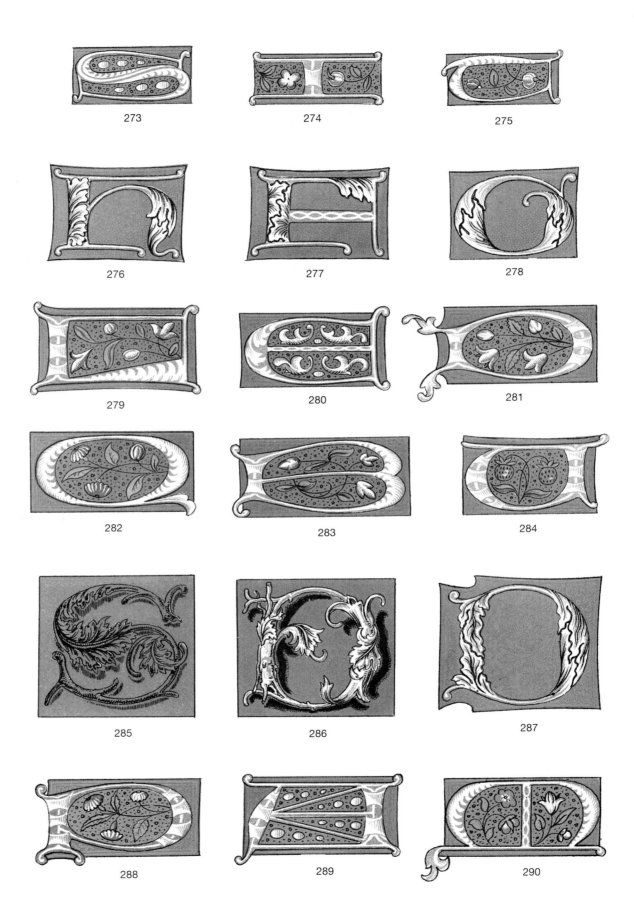

273 274 275

276 277 278

279 280 281

282 283 284

285 286 287

288 289 290

PLATE 46 *Sixteenth century*